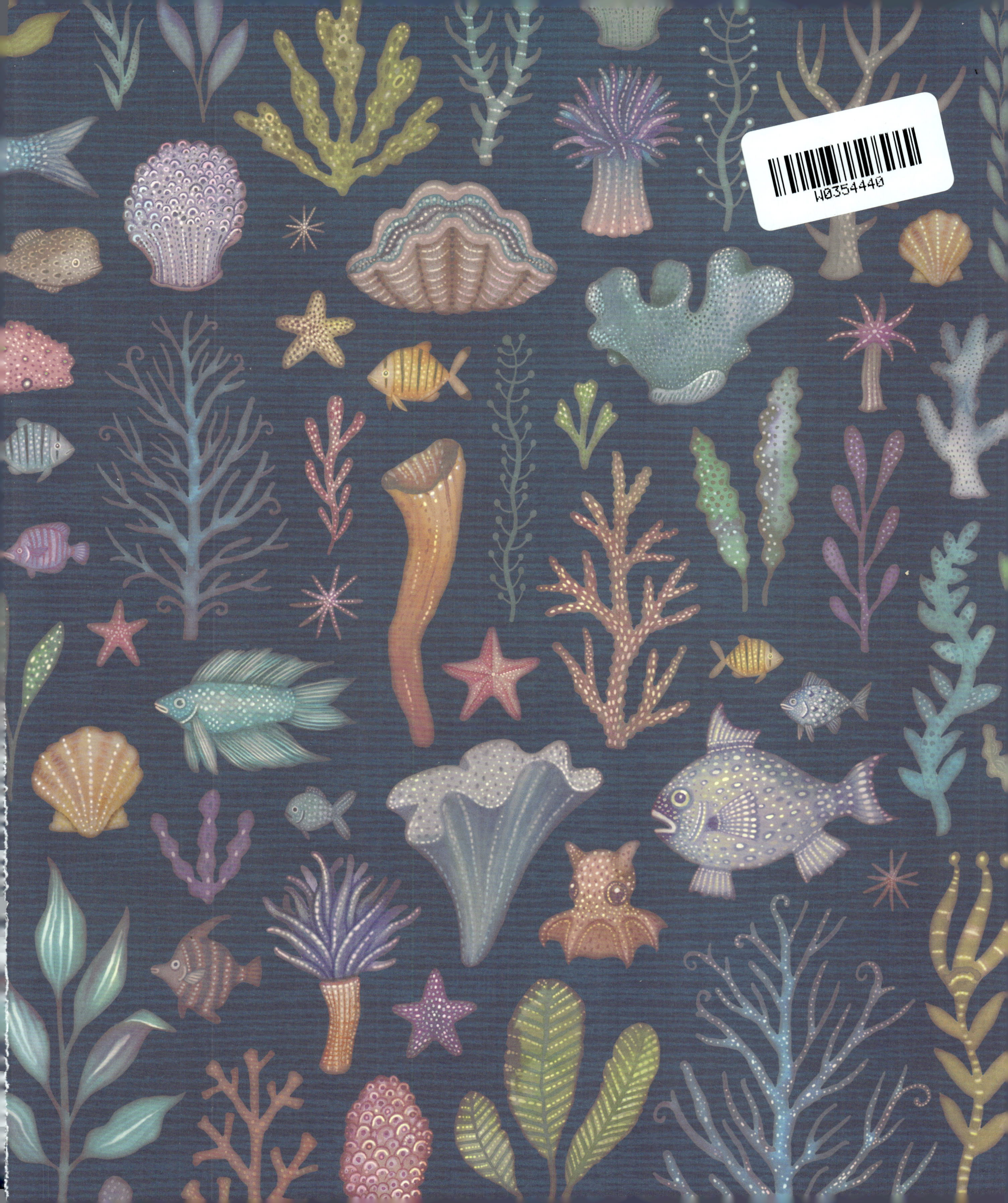

IL FANTASTICO LIBRO DELLE SIRENE

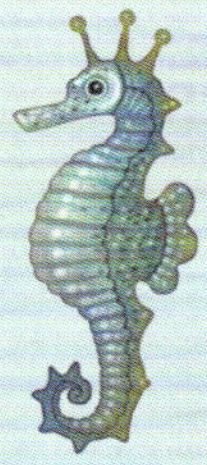

A JINX, LA CUI IDEA È STATA QUELLA DI SCRIVERE
UN SAGGIO SULLE SIRENE

~ IZZY

ALLA MIA COMPAGNA DI VITA, DANICA JOVANOVIC,
PER IL SUO INCORAGGIAMENTO E IL SUO
INESTIMABILE SOSTEGNO, E PER AVERMI ISPIRATO
A INSEGUIRE I MIEI SOGNI

~ VLAD

DoReMi è un marchio EDICART Style
Via Jucker, 28 - Legnano (MI) - Italia
Titolo originale: *All About Mermaids*

Progetto di *Pooja Desai*
Traduzione dall'inglese di *Bradamante*

www.edicart.it

IL FANTASTICO LIBRO DELLE SIRENE

IZZY QUINN & VLAD STANKOVIC

DoReMi

Racconti da ogni parte del mondo ci parlano di sirene che incantano gli incauti marinai con il loro bel canto e causano naufragi e tempeste. Ma queste sono soltanto superstizioni. Le sirene sono i nostri parenti più prossimi, e vivono, mangiano, dormono, giocano e crescono i loro piccoli insieme, proprio come facciamo noi. Ti sorprenderà, dopo aver letto questo libro, scoprire quanto siamo simili.

Alcuni dicono che le sirene sono un prodotto della nostra immaginazione e che i marinai di un tempo, con i loro antichi cannocchiali vedevano i dugonghi o le ritine di Steller e li scambiavano per donne nell'atto di pettinarsi o cantare. Questo è improbabile, e chiunque abbia mai visto un dugongo ve lo confermerà! L'unica cosa ancora meno simile a una sirena che si possa mai immaginare è proprio una ritina di Steller, che sbuffa e grugnisce. Un enorme mammifero maestoso e lento, grande come un cucciolo di balena, ora purtroppo estinto.

sirena

ritina di Steller
dugongo

Le sirene sembrano nate per la velocità e sfrecciano nell'acqua molto più rapidamente di quanto potrebbe mai fare un dugongo. Tutti sanno che le sirene hanno una possente coda, ma sapevate anche che hanno… le mani palmate? Assomigliano un po' ai piedi di un'anatra o di una rana!

Pinne caudali
Coda muscolosa

Nei racconti, le sirene hanno squame scintillanti, come i pesci. Nella realtà, invece, hanno code lisce ed eleganti. I motivi e le sfumature sulle code delle sirene possono sembrare squame, specialmente se visti sott'acqua. Questi motivi aiutano una sirena a mimetizzarsi nell'ambiente circostante. Per la stessa ragione, le code delle sirene sono solitamente color argento, grigie, verdi o blu. I rossi, i rosa, i viola e gli arancioni squillanti, simili a gioielli, si vedono solo in acque più calde, dove i pesci tropicali sfrecciano su uno sfondo di coralli dai colori vivaci.

Quando nuotano, le sirene muovono la coda su e giù, non da un lato all'altro come fanno i pesci.

Come i delfini, le balene e i dugonghi, la maggior parte delle sirene ha la pinna caudale posizionata orizzontalmente. Le doppie code una volta erano comuni, ora sono estremamente rare.

I capelli delle sirene di solito sono neri, castani, rossi, biondi o verdi come le alghe. Alcune sirene hanno capelli fini, lisci e setosi, che nell'acqua si gonfiano intorno a loro come una nuvola. Altre hanno morbidi boccoli che lasciano separati o raccolgono in spesse ciocche. Le sirene amano pettinarsi a vicenda e ogni giorno passano ore ad intrecciarsi e acconciarsi reciprocamente i capelli mentre si crogiolano al sole. Per celebrare occasioni speciali, scelgono acconciature molto elaborate, e per loro è un punto di orgoglio inventarne di nuove, sempre più complicate.

Le sirene si trovano ovunque nel mondo, in tutte le acque tranne quelle troppo fredde o pericolose. Ad alcune piace stare vicino a riva, altre preferiscono il mare aperto. Come gli umani, anche le sirene hanno aspetto e dimensioni assai diversi: possono essere grandi o piccole, alte o basse, grasse o magre. Possono avere la pelle chiara, scura o di qualsiasi tonalità intermedia. Ciò che hanno in comune è l’amore per la musica e per le cose luccicanti!

I racconti e i film spesso mostrano sirene che vivono in sontuosi palazzi costruiti nelle profondità del mare. In realtà, le sirene passano la maggior parte del loro tempo vicino alla superficie, dove l'acqua è più calda, e si immergono solo per cacciare.

Il termine inglese per sirena, “mermaid”, significa “donna del mare”, ma le sirene fanno le loro case anche nei fiumi e nei laghi. Una volta, le sirene d’acqua dolce erano uno spettacolo quotidiano perfino nelle grandi e affollate città portuali. Oggi, si possono ancora trovare nei luoghi più selvaggi del pianeta, in torrenti di alta montagna o in remote pozze d’acqua in mezzo al deserto, ma gli avvistamenti sono ormai pochi e sporadici.

Le sirene sono famose per il fascino ipnotico del loro canto. Noi esseri umani lo troviamo ammaliante, anche se non possiamo capirlo più di quanto possiamo comprendere il canto degli uccelli o il canto delle balene.

Le sirene di solito vivono in gruppi familiari. I maschi lasciano il gruppo intorno ai dieci, undici anni di età, per trovarsi un proprio territorio.

La maggior parte dei tritoni fa vita solitaria. Anche se hanno la reputazione di essere feroci, sono in realtà piuttosto timidi e molto più elusivi della femmina della loro specie.

Non avendo nessuno che gli sistemi barba e capelli e gli ripulisca la schiena dai crostacei, il maschio adulto ha un aspetto piuttosto irsuto e trasandato, e viene talvolta scambiato… per un mostro marino!

Appena nate, le sirene sanno già nuotare. Da giovani, uno dei loro giochi preferiti è quello di nascondersi, poi dare una sbirciatina e, se si viene viste, nuotare via più veloce che si può! Si divertono, ma stanno anche imparando. Furtività e velocità le aiuteranno a cacciare le prede e a sfuggire ai predatori, quando saranno adulte.

Le sirene sono mangiatrici voraci. Si nutrono di alghe e altre piante commestibili, perlustrano le spiagge alla ricerca di uova di tartaruga, lumache e altre prelibatezze del genere, e mettono trappole lungo la costa per i crostacei curiosi. Quelle che vivono in mare aperto sono abili cacciatrici e si nutrono di pesce. Con le loro abili dita, le sirene sono brave a costruire tante cose: dalle nasse per aragoste e le reti da pesca, agli ami ed altri strumenti per pescare.

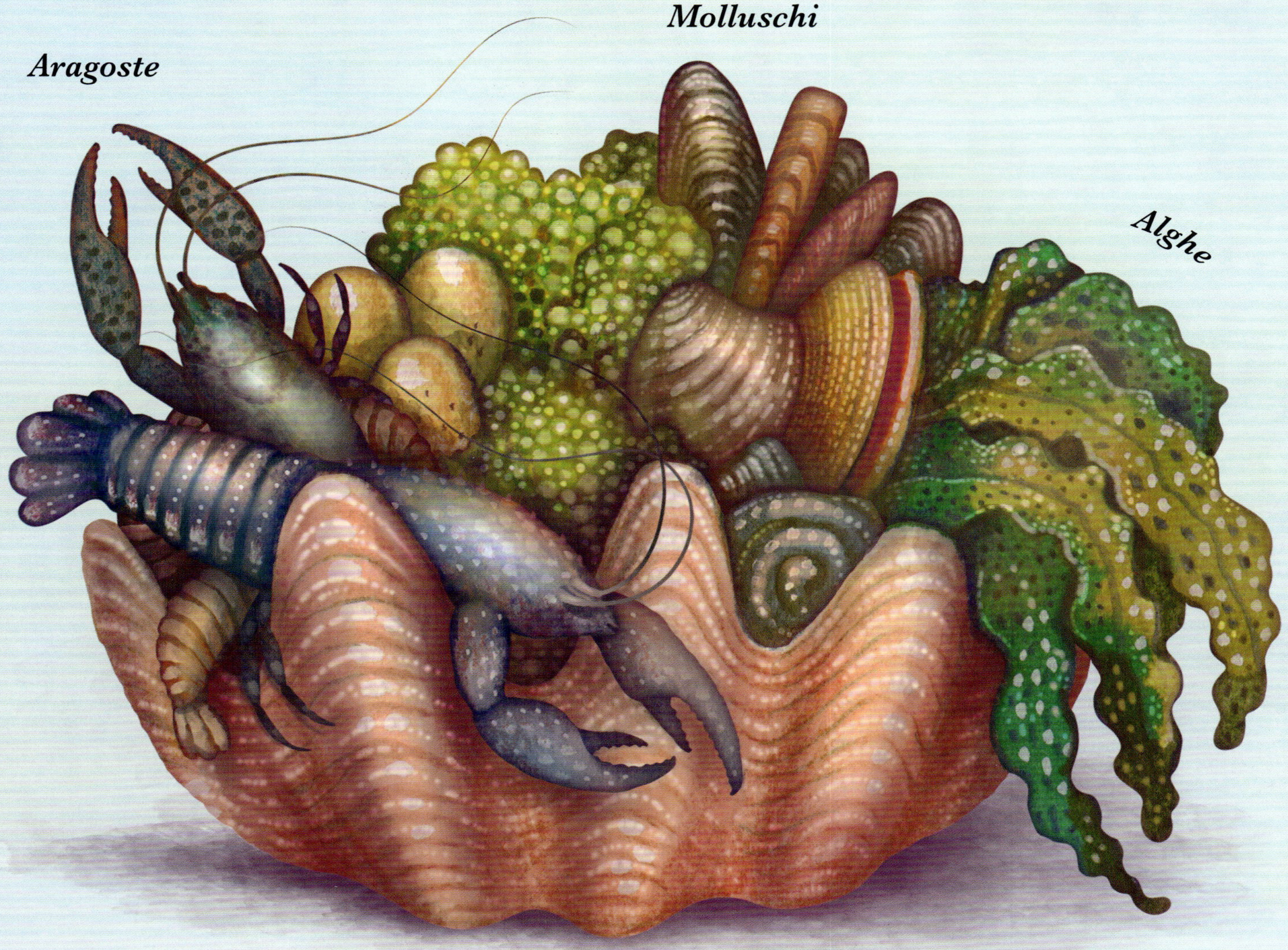

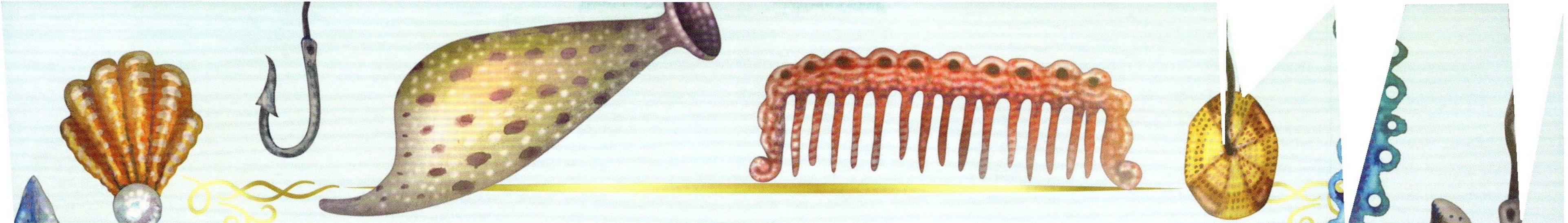

Se guardate attentamente mentre passeggiate sulla sabbia, e siete molto fortunati, potreste trovare un finissimo pettine intagliato in una conchiglia, o magari una splendida borsetta di sirena. Bellissimi poi sono i loro specchi, ricercatissimi dai collezionisti.

Quando non si pettinano a vicenda, non mangiano, non cacciano o non sono impegnate a fare altro, alle sirene piace dormire.

Ad alcune piace sonnecchiare sugli scogli caldi, al sole. Altre preferiscono l'oceano, al largo, dove dormono cullate dalle onde, spesso in compagnia dei capodogli, che amano anch'essi dormire così.

A volte le sirene si sentono cantare appena prima di una tempesta. Una volta, i marinai credevano che le sirene cantassero proprio per far sollevare onde tempestose, ma più probabilmente lo fanno per avvertire le altre sirene di una tempesta in arrivo. Se vedi una sirena saltar fuori dall'acqua al chiaro di luna, volteggiando e roteando nell'aria, aspettati acque calme e cieli limpidi.

Le sirene sono grandi amiche dei delfini, con i quali nuotano e cacciano.

Proprio come i nostri bambini, anche le sirene da piccole amano giocare con altri cuccioli, e spesso sono viste giocare con i piccoli di foca.

Le uniche specie che le sirene temono sono le orche e i grandi squali bianchi – naturalmente oltre agli umani.

Ancora oggi, alcuni si rifiutano di credere all'esistenza delle sirene. È vero che vengono viste raramente, ma non perché non esistono. Sono soltanto timide e stanno alla larga dagli umani. Ovunque ci siano delfini, però, c'è buona probabilità che nelle vicinanze ci siano anche sirene. Se entri in acqua e aspetti, prima o poi ne vedrai una. Cerca di stare fermo il più possibile e di non fare alcun rumore: niente spruzzi o urla. Se una sirena ti sorride, ricambia il sorriso. Prova a farle un cenno di saluto. Ci vorrà un po' di tempo, ma una volta che avrai conquistato la fiducia di una sirena, avrai un'amica per sempre.

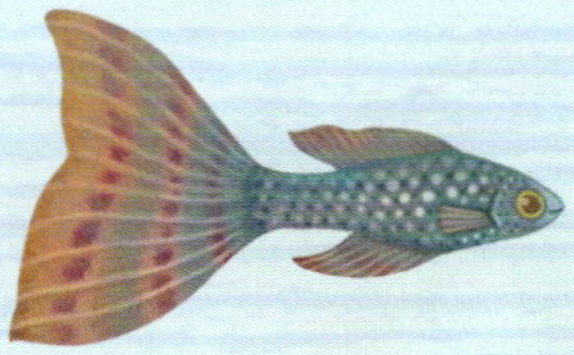

Grazie infinite e tanto amore ad Abbey, Celi, Piper, Jinx e Ginger per aver condiviso con me tutto quello che sanno sulle sirene; grazie a Bailey, per avermi detto tutto su balene e squali; grazie a mamma, per avermi insegnato a leggere; e a papà, per averci portati tutti in barca. Un enorme e sentito ringraziamento anche a Vlad Stankovic, per le sue bellissime illustrazioni; a Pooja Desai, per aver coordinato il progetto; e al mio editore, Alyson O'Brien, per aver creduto nelle sirene e in questo libro.

~ Izzy

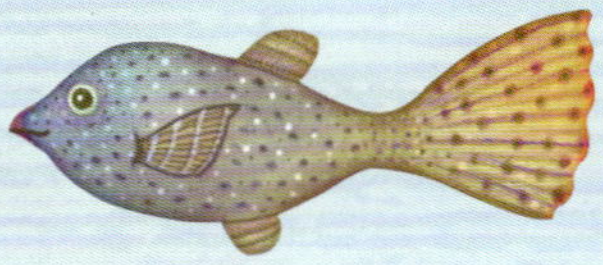

Un grande ringraziamento a Alyson O'Brien e Pooja Desai per l'opportunità di illustrare questo libro magico, e per la loro pazienza e meravigliosa collaborazione.

~ Vlad